A Yuna, la pequeña pirata de mi historia.
Susanna Isern

A la pirata Yolanda y al pirata Sergio.
Gómez

ÉGALITÈ

Daniela y las mujeres pirata de la historia
Colección Egalité

© del texto: Susanna Isern, 2022
© de las ilustraciones: Gómez, 2022
© de la edición: NubeOcho, 2022
www.nubeocho.com · info@nubeocho.com

Primera edición: Septiembre, 2022
ISBN: 978-84-19253-09-5
Depósito Legal: M-11202-2022

Impreso en Portugal.

Comunidad de Madrid

Esta obra ha recibido una ayuda
a la edición de la Comunidad de Madrid

Daniela y las Mujeres Pirata de la Historia

Susanna Isern   Gómez

nubeOCHO

"¡Por fin lo encontré! En este libro, mi abuela
escribió sobre las mujeres pirata más famosas
de la historia".

"¿Sabías que a lo largo de la historia hubo muchas chicas pirata?
No era fácil ser mujer pirata hace años. ¡Tenías que ser muy valiente!
A mí también me lo pusieron difícil. ¿Te acuerdas de Orejacortada?
Yo no me rendí, y al final... ¡acabé siendo capitana del Caimán Negro!".

"Voy a presentarte a estas mujeres. Todas ellas tenían cualidades increíbles, y de cada una de ellas aprendí algo valioso".

ARTEMISIA DE HALICARNASO

(SIGLO V a.C.) Reina de Caria. Participó en una batalla naval apoyando a los persas contra los griegos. Tuvo cinco barcos bajo su mando y fue conocida por sus estrategias de combate y su valentía. Fue la precursora de las mujeres pirata.

TURQUÍA

Caria
(actual Turquía)

La víspera de la batalla el rey persa se reunió con los jefes aliados y con Artemisia
para pedirles consejo.

—Zarparemos al amanecer y sorprenderemos a los griegos —dijo uno de los jefes.
—No es un buen momento para el combate naval —desaconsejó Artemisia—. Propongo
esperar para garantizar nuestra victoria.
—¡Tonterías! ¡Atacaremos por mar y venceremos! —aseguró otro jefe.

El rey persa decidió no hacer caso a Artemisia y, con el primer rayo de sol,
sus naves zarparon.

Artemisia y su tripulación lucharon con fiereza. Pero, tal y como ella había predicho,
los griegos no tardaron en mostrarse muy superiores.

—Reina Artemisia, las naves enemigas se acercan peligrosamente —dijo un guerrero.

—¡Si nos alcanzan estamos perdidos! —advirtió la reina—. Pero... ¡tengo una idea!

Lo que más me inspiró de Artemisia fue su **INTELIGENCIA**.

Entonces Artemisia ordenó a sus guerreros que chocaran contra una de sus propias naves. Los griegos, confundidos, creyendo que ese barco al que atacaba era uno de los suyos, se dirigieron hacia otro objetivo.

Artemisia suspiró con una sonrisa. Su idea había funcionado. Estaban fuera de peligro.

TEUTA DE ILIRIA

(SIGLO III a.C.) Reina de los Ilirios. La llamaban el Terror del Adriático por su lucha contra los romanos y porque legalizó en su reino la piratería. Se decía que era arrogante, antipática y orgullosa.

Iliria
(actual Albania)

El pueblo de Iliria pasaba hambre. Aquellas tierras eran secas y rocosas. Las cosechas no prosperaban y el ganado era escaso porque no tenían con qué alimentarlo.

—Reina Teuta, apenas quedan unas libras de trigo y de legumbres en la despensa —dijo la cocinera.

—¿Y los cerdos? —preguntó la reina.

—Dos lechones en la pocilga y una cabra raquítica en el establo.

—Si no hay alimento en tierra, saldremos a buscarlo al mar —sentenció Teuta.

La mañana siguiente, la reina reunió una tripulación y se embarcó mar adentro. En unas horas habían conseguido capturar una buena cantidad de peces, pero la monarca no parecía satisfecha.

—No es suficiente —dijo.

En ese momento vio que un barco de carga romano se acercaba. Llevaba trigo suficiente para alimentar a su pueblo durante un año entero. Teuta se acordó de los bracitos flacos de las niñas y los niños y del rugido de la barriga de su propio hijo. Debía tomar una decisión.

De Teuta aprendí a
NO RENDIRME ANTE LAS DIFICULTADES.

—¡Asaltaremos el barco romano! Llevaremos el trigo
a nuestro pueblo para hacer pan —sentenció la reina.

—¡Al abordaje! —gritó su tripulación.

Así fue como Teuta de Iliria convirtió a su tripulación
en una banda de piratas y ella pasó a ser la reina pirata.

AWILDA

(SIGLO V) Hija de un rey escandinavo. Rompió con las costumbres de la época huyendo de un matrimonio no deseado. Capitaneó una flota de barcos tripulada por mujeres y hombres.

NORUEGA

SUECIA

Escandinavia

Sinardo, rey de los godos, hizo llamar a su hija Awilda. Había llegado
el momento de transmitirle la decisión que había tomado.

—Te casarás con el príncipe Alf de Dinamarca —le dijo.

—Padre, yo no quiero casarme con nadie —repuso Awilda convencida.

—Lo que quieras no importa —sentenció el rey—. Tu destino está escrito.

Pero Awilda decidió que las hojas en blanco de su destino las tenía que escribir ella misma. Huyendo de la decisión de su padre, reunió a una tripulación de jóvenes mujeres dispuestas a acompañarla.

—¡Cuenta conmigo!

—Yo también iré.

—¡El mar nos espera!

Juntas se embarcaron en una gran nave dirigida por Awilda.

Eran mujeres con espíritu tan libre y
aventurero como el de Awilda. Surcaron
los mares y llevaron a cabo muchas hazañas.

Awilda me enseñó a **ELEGIR MI PROPIO DESTINO.**

Un día Awilda y su tripulación se encontraron con un navío de piratas.

—Nuestro capitán acaba de morir en un ataque —se lamentó uno de los piratas.

—¡Unámonos! Así seremos más fuertes —propuso Awilda.

Los piratas se unieron a las mujeres. Al poco tiempo nombraron a Awilda su capitana pirata.

JEANNE DE BELLEVILLE

(1300-1359) Noble francesa que se convirtió en pirata cuando el rey de Francia condenó injustamente a su marido. Se alió con los ingleses. La llamaban la Tigresa Bretona y capitaneó tres barcos conocidos como la Flota Negra.

CLISSON

Francia

Tras la muerte de su marido, Jeanne y sus hijos decidieron rebelarse contra los franceses.

—Aunque vuestro padre no esté entre nosotros no vamos a rendirnos, lucharemos.

—Contamos con el apoyo de los ingleses, y algunos bretones están dispuestos
a seguirnos —afirmó su hijo mayor.

—No se hable más —contestó Jeanne—. Buscaremos barcos y nos moveremos por mar.

Con la ayuda de sus hijos, Jeanne consiguió tres grandes barcos que preparó para batallar.

—¡Quiero que todos tiemblen de miedo al verlos llegar! —exclamó.

Entonces Jeanne ordenó que los pintaran de negro y, para sus velas, eligió un color rojo intenso.

Lo que más admiro de Jeanne es que NO SE RINDIÓ ANTE LA INJUSTICIA.

Dicen que cuando la Flota Negra se acercaba, todos aquellos que la divisaban a lo lejos emprendían la huida mientras hacían correr la voz:

—¡Media vuelta! ¡La Tigresa Bretona nos acecha!

Jeanne no se rendía, con una antorcha en una mano y una espada en la otra, rugía como una fiera:

—¡Justicia!

Grace O'Malley

(1530-1603) Mujer pirata irlandesa. A los veinte años tomó el mando de la flota de su padre, quien había dedicado su vida al comercio internacional. Es considerada una heroína en Irlanda por luchar contra el domino británico.

IRLANDA   REINO UNIDO

Irlanda

El jefe del clan O'Malley estaba a punto de zarpar junto a sus hombres con destino a España. Los ojos de Grace centelleaban como luciérnagas viendo los preparativos del viaje.

—Padre, me gustaría formar parte de la tripulación y navegar hasta España.

—Es peligroso, Grace. Tu larga cabellera podría enredarse con las cuerdas y los mástiles —contestó su padre para disuadirla.

Sin embargo, aquellas palabras no tuvieron el efecto deseado en Grace. Sin pensarlo dos veces, la chica buscó una navaja de pelar pescado y un espejo.

Mechón a mechón, se deshizo a escondidas de aquella mata de pelo que le impedía cumplir su sueño.

Grace O'Malley me cautivó con SU FUERZA Y SU CORAJE.

Grace se presentó nuevamente ante su padre.

—Ahora estoy lista para zarpar —dijo con convencimiento.

Así fue como, desde muy pequeña, Grace surcó los mares viajando de puerto en puerto. Con el paso de los años asumió el mando de la flota de su padre y se convirtió en pirata.

MARY READ

(1690-1721) Su madre la hizo pasar por varón para recibir una ayuda económica. Mary pasó a llamarse Mark. Posteriormente se alistó en el ejército, y más tarde se convirtió en pirata. Fue, junto a su amiga Anne Bonny, una de las pocas mujeres juzgada por piratería en el siglo XVIII.

IRLANDA

REINO UNIDO

Inglaterra

Aquel era un barco de hombres o, por lo menos, eso creían todos.

Bajo la identidad del joven Mark en realidad se escondía Mary Read,
quien batallaba con tanta bravura que se había ganado el respeto y
admiración de todos sus compañeros.

Un día, durante una travesía hacia el nuevo mundo, el barco holandés de Mary se encontró con otro mucho más temible.

—¡Son piratas! —advirtió Mary.

Pero nada pudieron hacer para impedir su ataque. Los piratas abordaron el barco y en un abrir y cerrar de ojos se hicieron con el control.

Entonces Mary decidió que ella también se haría pirata.

Un día, Anne Bonny, la única mujer en su nueva tripulación de piratas, se acercó a Mary y descubrió su secreto:

—¡Un momento! —exclamó—. Tú no eres un hombre, sino una mujer.

De Mary Read aprendí a SER ASTUTA.

Mary recorrió el mar Caribe enfrentándose con gran coraje a mil adversidades. Con el paso de los años se convirtió en una de las mujeres pirata más conocidas de la historia.

ANNE BONNY

(1698-*c*. 1780) Pirata irlandesa que operó en el mar Caribe a principios del siglo XVIII junto a su compañera y amiga, la pirata Mary Read. Cuando era niña su padre la vestía de varón y la llamaba "Andy".

IRLANDA

REINO UNIDO

Irlanda

Cuando Anne Bonny vivía en Nassau (conocida por aquel entonces como la República Pirata de Nassau), iba a menudo a tabernas frecuentadas por piratas. Fue allí donde una tarde conoció al capitán Jack Rackham.

—Únete a nosotros y a nuestro barco —propuso Jack intuyendo el coraje de aquella mujer.

Anne sonrió y aceptó sin pensarlo.

En aquella época pocas mujeres se aventuraban al mar y en casi todos los casos lo hacían como sirvientas, lavanderas o cocineras.

Solo algunas como Anne lograban enfrentarse a los siete mares como auténticas piratas.

Junto a Jack y su tripulación, Anne conquistó decenas de barcos y encontró valiosos tesoros.

Anne Bonny me mostró la importancia del TRABAJO EN EQUIPO CON OTRAS CHICAS.

En uno de sus viajes conoció a Mary Read, que viajaba vestida de hombre. Anne descubrió que era una mujer y le brindó su apoyo.

—Hablaré con Jack y te convertirás en una de los nuestros.

Se hicieron amigas y juntas conquistaron el mar Caribe.

CHING SHIH

(1775-1844) Famosa pirata china que comandó una de las flotas más grandes de la historia: más de dos mil barcos y una tripulación de ochenta mil hombres. Es considerada una de las piratas más exitosas de todos los tiempos.

China

Tras perder a su marido en una terrible tormenta de mar, Ching Shih tomó el mando de su numerosa flota de barcos pirata. Eran tantos que cuando navegaban parecían una auténtica ciudad flotante formada por una gran comunidad. Un día, Ching Shih tuvo una idea.

—Necesitamos nuevas leyes para poner orden en nuestras naves.

Así fue como elaboró un listado actualizado con sus propias leyes:

Obediencia y lealtad absoluta a mí y a los líderes de la flota.

Jamás saquear una aldea que ayuda a los piratas.

No bajar a tierra sin permiso expreso.

Prohibido robar del tesoro común.

Respetar a las mujeres prisioneras.

El emperador chino se enfureció cuando supo que una mujer tenía tanto poder y envió su armada para atacar a Ching Shih y a su flota.

Gracias a Ching Shih, supe que existían mujeres que habían sido **GRANDES CAPITANAS**.

Sin embargo, el resultado no fue el esperado para el emperador. Tras la batalla, la armada imperial perdió sesenta y tres barcos, que acabaron del lado de Ching Shih.

—¡Quien se una a mí tendrá más oportunidades!

La flota de la capitana era cada vez más grande. Chin Shih llegó a ser una mujer muy poderosa.

Sadie Farrell

(MEDIADOS DEL SIGLO XIX) Mujer estadounidense de ascendencia irlandesa. Líder de una pandilla de piratas fluviales. Conocida por el seudónimo de Sadie la Cabra, ya que sus cabezazos eran su mayor arma. Pasó de vivir en barrios marginales a ser considerada la Reina de la Costa de Nueva York.

RÍO HUDSON

NUEVA YORK

Estados Unidos

Un día, mientras Sadie paseaba por los muelles, se encontró con una pandilla de hombres que se lamentaban.

—¿Qué ocurre? —preguntó.

—Hemos fracasado —contestó uno de ellos—. Hemos intentado abordar ese barco, pero nos han vencido.

—Eso es por falta de organización —aseguró Sadie—. ¡Yo ayudaré con eso!

Al día siguiente, Sadie se puso al mando de la pandilla.

—¡Juntos formaremos un equipo invencible! —aseguró.

Sadie fijó como objetivo el barco más grande del muelle y lideró a
la pandilla en el asalto. Gracias a su inteligencia, vencieron y se hicieron
con el control de la nave.

De Sadie aprendí a
SER SIGILOSA.

Durante los meses que piratearon por el río Hudson,
Sadie y sus hombres lograron reunir un suculento botín
que repartieron entre diferentes escondites para que
nadie pudiese arrebatárselo.

Así fue como Sadie pasó de ser una chica pobre de barrio
a la Reina de la Costa de Nueva York.

LAI CHOI SAN

(PRINCIPIOS DEL SIGLO XX) Mujer pirata china conocida como la Montaña de Riquezas. Se cree que lideró una flota de doce barcos que navegó en el mar de China.

China

A Lai Choi San no le parecía justo que algunos tuvieran tanto y otros tan poco.

—Los pescadores se levantan antes del amanecer para trabajar, y a pesar de eso son muy pobres —dijo Lai Choi San reflexiva.

—¿En qué piensas, capitana? —preguntó uno de sus piratas.

—Acabo de tener una gran idea. Voy a luchar por conseguir un reparto más equitativo del dinero.

Al día siguiente dirigió su flota hasta una aldea. Una vez en tierra hizo una visita a los mercaderes más adinerados.

—¿A qué se debe su visita, Lai Choi San? —preguntó un comerciante de telas exóticas.

—A partir de hoy pagarás un impuesto a cambio de nuestra protección.

Sabiendo que no tenía elección, el mercader aceptó.

Lai Choi San me enseñó a
AYUDAR A QUIENES MÁS
LO NECESITAN.

Tras recaudar impuestos por los diferentes
comercios, Lai Choi San se acercó a un grupo
de pescadores.

—Aquí tenéis una ayuda —dijo la capitana pirata
mientras les tendía un saco de monedas.

Desde ese día, Lai Choi San fue conocida como
la Robin Hood de los mares.

"Estas son todas las mujeres piratas que tanto me inspiraron. ¿Te acuerdas de lo que aprendí de cada una de ellas?".